Deux petites moufles *smimna*
pour Hadda,
tricotées avec amour

Bon à rien est un oxymore
Et *rien*, c'est déjà quelque chose

Loi 49 956 du 16 juillet 1949,
sur les publications destinées à la jeunesse.
Dépôt légal: octobre 2022
ISBN 978-2-211-32112-9

Mise en pages: *Architexte*, Bruxelles
Photogravure: *ColorWay*, Tourcoing
Imprimé en Italie par *Grafiche AZ*
sur du papier issu de sources responsables.

anne herbauts

Smimna

Matin Minet

Pastel
l'école des loisirs

Peut-être ne l'avez-vous jamais vu
car il se lève dès potron-minet
quand vous dormez encore…

Matin Minet habite entre un arbre
et la forêt, perché, point trop haut,
dans une maison-escabelle.

Il héberge dans son toit Hadek,
un joli petit charançon.

Un joli matin pour aller à la cueillette aux baies.
Matin Minet est pressé.

« Où sont passées
mes chaussettes ? »

«Ah ! Déjà une chaussette ! »

« Hadek,
tu as vu ma chaussette ? »

« Chaussette ?
Chaussette ? »

Les voilà vêtus, chaussés, peignés
pour partir à la cueillette.

Une vieille noisette
une baie noire
une fève
un noyau
un pistil
du sureau
une samare
un bouton
un pépin
un gratteron
une noix

Ça, c'est un caillou, voyons !

un grain de maïs
une graine
une faîne
une baie d'églantier
un bourgeon
un gland de chêne
une amande d'abricot
une fraise…

« Hadek !
Ce n’est pas une baie ! »

« Lâchez-moi, voyons !
Je suis Polkadot, la coccinelle. »

« Pardon Madame,
j’ai confondu votre robe
avec une groseille... »

La coccinelle grommelle
et ouvre son ombrelle.

Matin Minet et Hadek
poursuivent la cueillette
et entament la chanson
des bois de rhododendrons :

Ne pas chanter
ne pas crisser
parler bas
sous les pas
et l'on verra
le geai, Mulot et le moineau !

Arrivent Mulot et Petit-Jean.

« Bonjour les amis ! »
« Bonjour Mulot ! »
« Bonjour Petit-Jean ! »

Matin Minet montre sa précieuse cueillette
et leur propose quelques baies.

« Regardez ! »
« Oh ! Merci, un régal ! »

Hadek est plongé dans son guide de botanique.

Une mise en garde s'impose :
certaines baies sont toxiques
et ne doivent en aucun cas être ingérées
ou consommées.

Il entend alors des petits reniflements.
Une espèce de hérisson bizarre
est caché en contrebas.

« Oh ! Hadek ! Là ! Un hérisson ! Il semble malade ! »

« Je suis une moufle solitaire.
Je ne sers plus à rien. »

«Comme elle semble triste !»

« Je suis une moufle dépareillée.
Et seule, je ne sers plus à rien. »

« Ne reste pas là, viens avec nous. »
« On va ramasser les baies ensemble. »

« Oh !
Des barquettes
de fraises ! »
s'écrie la moufle.

Matin Minet se réjouit,
« Un pique-nique de fraises ! »

La moufle s’empiffre de fraises.
Elle adore ça.
Elle en devient rose de joie.

« As-tu un nom ? » demande Hadek.
« Non », dit la moufle qui redevient triste.

« Alors, on t'appellera Smimna.
Aimes-tu ce nom-là ? »
« Oui, Smimna. Smimna, j'aime ça. »
« Ça veut dire dodu. Dodu gentiment », dit Hadek.
Smimna sourit et se remet à manger.

« À l'aide ! À l'aide ! »

Un perce-neige est coincé
entre des troncs et des branches.

« Donne-moi la main !
Je vais t'aider. »

« Bonjour, je suis Smimna.
Je suis une moufle dépareillée.
Je ne sers plus à rien.
Mais j'ai deux amis,
Hadek et Minet Matin. »

« Merci Smimna, tu m'as sauvé !
Je suis Cloche-Pied, le perce-neige cassé.
Je suis arrivé trop tard dans la saison
et j'ai poussé de mauvaise façon. »

« Viens avec nous ! dit Matin Minet,
il y a des fraises et des baies. »

Smimna dit :
« J'adore les fraises. »

Cloche-Pied dit :
« J'adore tricoter. »

Alors Cloche-Pied tricote et tinte, tinte
de son grelot.
Et Smimna tient la main de Cloche-Pied.

Il tricote des moufles
pour le prochain hiver.
Il est heureux, Cloche-Pied.

Même s'il ne sert à rien.
Comme Smimna,
la moufle dépareillée.

Hadek bat la mesure
le tétras dodeldire
la mésange gazouille
Petit-Jean pépie
la buse miaule
le pic pique-nique
le geai jacasse
et la pie se moque

le vent siffle
le perce-neige tintinnabule
le ruisseau gargouille
la montagne souffle
et Smimna chante

Donne-moi la main
Donne-moi la main.

Et c’est la fin
de cette histoire-ci.

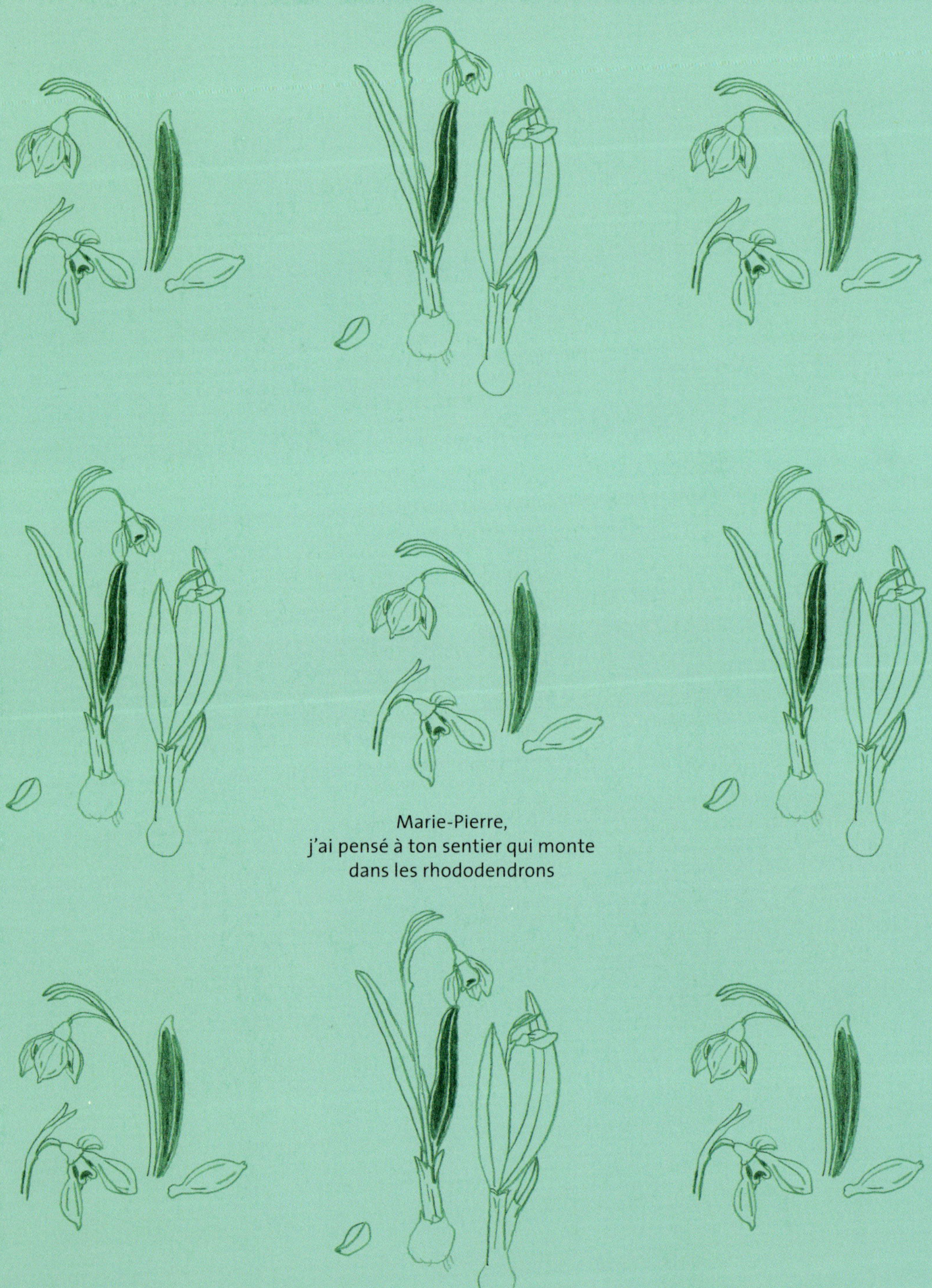

Marie-Pierre,
j'ai pensé à ton sentier qui monte
dans les rhododendrons